PETITS RÉCITS

DE

L'ÉCOLE DU DIMANCHE

DE

LA GUILLOTIÈRE-LYON

Vendu au profit de l'Œuvre

CITEAUX

(Côte-d'Or)

IMPRIMERIE ET LIBRAIRIE

1881

PETITS RÉCITS

DE

L'ÉCOLE DU DIMANCHE

DE

LA GUILLOTIÈRE-LYON

Vendu au profit de l'Œuvre

CITEAUX

(Côte-d'Or)

IMPRIMERIE ET LIBRAIRIE

1881

Ce petit opuscule n'a point la prétention d'être un livre.

S'il demande sa petite place parmi les publications contemporaines, il ne le fait qu'en s'appuyant de l'autorité de l'Académie française. M. Renan, cet illustre savant, ce littérateur consommé, lui a ouvert la carrière en lui donnant ses premières pages.

L'intérêt général avec lequel le discours de M. Renan sur le 1er prix Monthyon a été accueilli, nous a donné l'idée de retracer de petits récits, simples aperçus des sentiments généreux et vraiment français, que l'on trouve dans la classe laborieuse, malheureusement trop souvent méconnue. Le feu purifie l'or et en fait ressortir l'éclat. La charité chrétienne transforme les cœurs et en dégage les trésors que Dieu a cachés plus profondément dans des âmes que dédaignent ceux qui s'endorment dans leur égoïsme. Mme Essertail, Mme Gaignaire, Melle Croz et Melle Gabe, ces intelligentes et zélées auxiliaires de Mme Gros, ont obtenu dans ces âmes neuves, des résultats aussi consolants que merveilleux. Les lecteurs pourront les apprécier et voir ce que peuvent la charité et la patience chrétiennes, pour résoudre les grandes questions sociales sur la moralisation de la classe ouvrière.

FRAGMENTS DU DISCOURS

PRONONCÉ PAR

M. ERNEST RENAN

DIRECTEUR DE L'ACADÉMIE FRANÇAISE

DANS LA SÉANCE DU 4 AOUT 1881

A L'OCCASION DES RÉCOMPENSES ACCORDÉES

POUR LES PRIX DE VERTU

DE MONTHYON

MESSIEURS,

Il y a un jour dans l'année, Messieurs, où la vertu est récompensée. Par suite des fondations de M. de Monthyon et de quelques autres philanthropes éclairés, il est dérogé ici une fois par an à cette loi profonde de la nature qui a voulu que la récompense du devoir accompli fût obscure et insaisissable. La vertu a justement pour trait de sa haute noblesse de ne correspondre à aucun salaire. Mille expériences prouveraient à l'homme qu'en faisant le bien, il obéit à une duperie, que l'homme n'en persévèrerait pas moins dans cette voie ingrate, improductive, folie selon le bon sens vulgaire, sagesse selon l'esprit supérieur.

Il n'y a pas du tout à craindre, Messieurs, que les prix que vous décernez prêtent à de si fortes objections et que la vertu y perde quelque chose de son mérite. Et d'abord, vous êtes seuls au monde à la récompenser; puis, vous récompensez si modestement que, supposé que personne pût avoir l'idée de concourir en vue de vos médailles, oh! vraiment ce serait de sa part le plus misérable des calculs. Les vertus éclatantes qui donnent la gloire, les épreuves de l'homme de génie, tout ce qui attire les applaudissements de la foule, les grands désespoirs aristocratiques comme les efforts sublimes dont parle l'histoire, ne sont point de votre programme. Même celui qui est soutenu dans l'accomplissement du devoir par sa situation sociale, le bourgeois vertueux, s'il est permis de s'exprimer ainsi, vous ne le couronnez pas. Vous réservez vos prix pour la femme dévouée, pour l'homme du peuple courageux, qui sans se douter de vos fondations, ont suivi l'inspiration spontanée de leur cœur. Il n'y a donc aucun danger, Messieurs, que vos récompenses, comme on l'a dit, gâtent la vertu dans sa source et renversent les fonctions de l'ordre moral. Malgré tout ce que vous faites et ce que vous ferez, le métier de la vertu restera toujours le plus pauvre des métiers. Nul ne sera tenté de l'embrasser par l'espoir des profits qu'on y trouve. Parmi les quarante ou cinquante vies vertueuses dont les actes authentiques ont passé sous nos yeux, il n'y en a pas une seule qui, à n'envisager que les rémunérations, n'eût gagné à suivre une autre direction. Le monde est plein de gens singulièrement habiles à deviner ce qui mène à la fortune; or, jamais on n'a vu personne prendre la vertu comme une carrière avantageuse, comme un moyen de réussir. La concurrence sur ce champ-là est tout à fait nulle; les gens avisés vont ailleurs.

Vous avez donné, par exemple, votre première récompense, à une personne admirable, qui a pris pour tâche d'aller chercher le mal sous les formes les plus défavorables et de faire renaître la conscience dans les pauvres êtres où elle est le plus effacée. Mme Gros, institutrice libre à Lyon, est peut-être la personne de notre temps qui possède le mieux l'art exquis de faire vibrer par une sorte de savant coup d'archet, le sentiment moral non encore éveillé. L'amour de l'éducation du peuple est inné chez Mme Gros. A Condrieu, le souvenir de ses écoles du dimanche et surtout des promenades où elle menait ses élèves, est resté comme une légende. Ce n'était pas assez pour elle; en 1870, elle revint à Lyon, rêvant d'une œuvre qui eût certainemen fait reculer un esprit moins décidé et une âme moins vigoureusement trempée. Elle voulait porter son apostolat jusqu'aux derniers confins du mal, et voir si là encore la voie du bien peut être entendue. Un sentiment particulier, comme il en existe presque toujours chez les grands fondateurs, entraîna sa conviction et fixa son choix. Elle crut trouver chez les jeunes garçons pervertis plus de droiture, de franchise, d'aptitude au relèvement que chez les jeunes filles prises au même degré de démoralisation. Nous ne donnons cette impression que comme un jugement tout personnel; l'expérience cût peut-être tourné tout autrement avec un éducateur d'un autre sexe. Quoi qu'il en soit, la véritable vocation de Mme Gros fut dès lors trouvée. Elle s'établit près des Brotteaux au milieu des ouvriers de la verrerie de la Guillotière. Le tableau, énergiquement tracé par elle et par les témoins de son œuvre, de l'ignorance et de la méchanceté contre lesquelles elle eut à combattre fait véritablement frémir. Elle débuta dans la charité en achetant une petite fille que son père vendait pour boire. Ce misérable lui demanda 50 francs; Mme Gros les donna. Au début, deux jeunes dévoyés se risquèrent à adresser à Mme Gros des paroles inconvenantes; sa froideur absolue et sa fermeté leur imposèrent silence; jamais depuis, il n'est arrivé qu'on ait osé prononcer devant elle un mot déplacé. Elle s'est fait une famille de ces enfants abandonnés. Elle ne doit se garder que de leurs démonstrations amicales, parfois trop vives, toujours respectueuses. Elle prétend que ces natures brutes ont un grand fond de poésie naïve et qu'on s'empare aisément d'elles. Des figures laides et grimaçantes s'éclaircissent, s'embellissent peu à peu; des êtres sinistres deviennent gais, expansifs, polis même. Enfin, dit Mme Gros, ils ont un charme original et un cachet qui n'appartient qu'à eux. »

Les confidences de ces êtres sont faciles à obtenir ; car, ainsi que Mme Gros le remarque, le premier sentiment qu'elle trouve chez eux est la fierté de leurs crimes. Ils s'en pavanent et sont fiers de la crainte qu'ils inspirent. Un nouveau venu lui avoua un jour qu'il avait noyé trois de ses camarades dans le Rhône. « Ils m'avaient ennuyé, dit-il, je les ai poussés et je les ai regardés se débattre. » Un an après, cet enfant sauvait trois personnes en danger ; c'est maintenant un excellent soldat.

« L'enfant de feu » comme l'appelle Mme Gros, était dans l'école un véritable fléau, par l'abus qu'il faisait de sa force sur ses camarades. Mme Gros lui fit promettre de ne se battre qu'une fois par jour, pour commencer. Trois semaines après, il ne se battait plus ; à un tel point, qu'ayant reçu un jour un soufflet, il sauta sur un bureau, et, trépignant, furibond, les yeux étincelants, il dit à celui qui l'avait frappé : « Tu as du bonheur que j'ai promis à la dame de ne plus me battre, sans cela, je t'aurais étranglé. »

Il y avait à La Mouche (quartier des verriers) un nid de petits mauvais sujets. Leu spécialité était de jeter des pierres aux passants pour le plaisir de les blesser. Les plus âgés, après une année de résistance, se décidèrent enfin à ne jeter qu'un nombre de cailloux fixé, avec promesse de n'atteindre personne. Ils ont tous fini par se corriger, et ils y ont mis tant de zèle que maintenant ils pourchassent avec acharnement tous ceux qui jettent des pierres. Mme Gros fait à ce sujet une réflexion que nous recommandons à ceux qui s'occupent dans la philosophie de l'histoire, du chapitre important : « Comment le brigand devient gendarme. » En général, dit Mme Gros, ils se communiquent leurs qualités nouvelles, au besoin par des voies de fait, en faveur du bon ordre. »

Walch est évidemment un des naufragés dont le sauvetage a laissé le plus profond souvenir dans le cœur de Mme Gros. « Il avait quinze ans; carrure, tournure, visage, crinière, regard, caractère, le tout représentait à merveille le lion du désert dans sa force sauvage. » Quatre années l'avaient à peine apprivoisé, lorsqu'une dame vient à l'école avec une rose rouge jetée coquettement sur un chapeau de velours noir. — Voyez, Mesdames, comme il faut peu de chose pour ramener l'homme à la vertu! — A la vue de cette rose, les regards du lion s'éclairèrent pour la première fois; il sourit à cette fleur. Mme Gros profite de ce moment pour faire pénétrer dans cette âme inculte un germe d'amour-propre et un peu de honte sur sa tenue plus que négligée. Le dimanche suivant, pour obtenir la faveur d'être placé à côté de la rose, il vint à l'école en costume propre, lui-même avait lavé sa jaquette dans le Rhône, de grand matin. « Elle n'a pas pu *séquer*, dit-il, mais elle *séquera* sur mon dos. » Depuis ce jour, dit Mme Gros, il s'est peu à peu civilisé; ses manières brusques ont disparu; il n'a gardé du fauve qu'il représente, que l'extérieur avantageux et les qualités qui en sont l'apanage. « Mme Gros ayant été malade, le brave lion faisait chaque dimanche quatre heures de route pour venir s'informer de sa santé. Mme Gros lui parlant un jour de sa mère : « Oh! j'ai deux mères, dit-il, celle qui *m'a né* et puis vous. »

Les batailles rangées dans les graviers du Rhône, et surtout les atroces cruautés qu'exerçaient les uns sur les autres les enfants de la cristallerie, ont été supprimées par Mme Gros. On ne se souvient pas qu'un seul de ses élèves, et elle en a eu par centaines, soit revenu au mal. Ceux qui se marient envoient leurs frères à Mme Gros et se font les recruteurs de l'école. Le naturel, l'élan du cœur, la vivacité, l'entraînement, un esprit prodigieusement inventif, joint à une fermeté à toute épreuve, font de Mme Gros un exemple unique peut-être de l'instinct éducateur qui sait exprimer au peuple dans son langage, les plus hauts sentiments. Ce qu'elle a surtout, c'est le don d'amuser. Sa force est dans les histoires qu'elle raconte avec une connaissance achevée des moyens de toucher la fibre populaire. La parabole a toujours entraîné l'humanité. L'humanité, en effet, aime l'idéal; mais il faut que l'idéal soit une personne, un fait, un récit; elle n'aime pas une abstraction. Il paraît que, pendant que Mme Gros raconte ses histoires, son auditoire est tout oreilles. Ah! si nous avions les récits de Mme Gros sténographiés sans qu'elle le sût! comme cela vaudrait mieux que les fadaises de notre littérature usée! Je porte envie aux gamins qui entendent ces chefs-d'œuvre, destinés, sans doute, comme les vrais chefs-d'œuvre, à rester toujours inédits. Ils ont, du reste, le genre de succès qu'ils méritent : ils entraînent, ils convertissent. Après une histoire racontée par Mme Gros sur l'assistance que l'on doit à ses parents, Michel renonce à l'ivrognerie pour construire une cabane à sa mère qui couchait sous une charrette. Aujourd'hui, Michel est marié et presque dans l'aisance. « Je me livrais à la boisson, disait-il dernièrement à Mme Gros, quand votre histoire m'a sauvé. Maintenant, la bénédiction de Dieu est sur moi. »

Dans la clientèle de Mme Gros, il y a une catégorie qu'elle appelle, on ne voit pas bien pourquoi, la « série des Mongols. » Deux frères de cette bande se relayaient pour venir à l'école à tour de rôle. Cela parut singulier à Mme Gros, qui en fit un jour l'observation à l'un d'eux. « Mon frère ne peut pas venir, lui répondit celui-ci; il est sur l'arbre. — Et que fait-il sur l'arbre? — Il attend que je lui porte mes souliers; je les lui porterai quand la leçon sera finie, et il entendra l'histoire. Dimanche, ce sera à son tour d'avoir la leçon, et moi j'aurai l'histoire. — Alors, vous n'avez qu'une paire de souliers pour vous deux? —

Eh oui! c'est pour cela que, quand il fait mouillé, nous nous tenons sur l'arbre, en attendant notre tour de venir à l'école. »

Ce spectacle d'une terre avide de boire la rosée du bien, et qui s'ouvre au premier rayon du soleil, cette charmante inoculation du sens moral, par un mot, par un regard, en de pauvres êtres qui n'ont jamais vu un œil bienveillant leur sourire, rappellent les miracles qui remplissent la vie de tous les grands maîtres de la vertu. Remercions Mme Gros d'avoir fait revivre dans notre âge devenu étranger aux secrets de l'âme, les merveilles de conversion qui semblaient réservées au temps où la grâce vivante se promenait sur la terre avec ses trésors d'indulgence et de pardon.

Nos lecteurs nous pardonneront d'ajouter à cet admirable discours de M. Renan d'autres récits inédits et même de parler de quelques faits déjà cités, pour les détailler avec leur couleur native.

En 1870, les circonstances étant favorables, Mme Gros vint s'établir dans le quartier de la Guillotière ; et, sous les auspices de

M. le curé de Saint-André, elle fonda l'école du Dimanche pour les petits ouvriers. Le premier jour, quelques-uns seulement se hasardèrent à venir voir ; au bout de quelques instants, ils s'empressèrent d'aller chercher leurs camarades moins audacieux. Ils formèrent dès ce premier jour un groupe de 40, qui fut doublé dès le 3ᵉ dimanche. Depuis, chaque année, le nombre s'est toujours maintenu de 50 à 60 élèves.

Les débuts furent rudes. Il fallut commencer par leur apprendre quel est le rapport qui doit exister entre l'humanité *et l'eau de la rivière*, puis, au moral, les convaincre que tuer son semblable, même par vengeance, c'est un crime, — voler, un délit et *chiper*, un véritable vol, — à l'inverse de leurs idées qui leur faisaient accepter de très bonne foi toute vengeance comme un droit, — les tours d'adresse comme une gloire — et enfin, disaient-ils, dévaliser une basse-cour — *où est le mal ?*

Malgré une expérience de 20 années d'enseignement populaire, Mᵐᵉ Gros ne pouvant atteindre le fond de perversité de quelques-uns de ses élèves, se décida pour les étudier à admettre dans son intimité, tantôt les uns, tantôt les autres.

C'est ainsi qu'elle apprit que l'un d'eux, âgé de 15 ans, avait déjà, pour se venger, noyé trois de ses camarades dans un bras du Rhône, et il s'en glorifiait.

Redouté de ses camarades, il se pavanait dans la crainte qu'il inspirait et serait devenu un malfaiteur redoutable, s'il n'avait compris, par l'enseignement religieux de l'école, l'énormité de ses méfaits.

L'année suivante, au péril de sa vie, il sauvait du Rhône trois personnes en danger.

Flatté dès le début d'être nommé Moniteur, alors que tous disaient à Mme Gros de ne pas l'admettre à l'école, il devint un excellent auxiliaire, un très bon fils, et sa bonne conduite au régiment lui a déjà valu deux grades.

« *L'enfant de feu* » ainsi nommé, en raison de la vivacité extraordinaire de ses mouvements, avait l'habitude de se battre à tout propos. Mme Gros voulant qu'il en perdît l'habitude, lui proposa de ne se battre qu'une fois par jour pour commencer. Il fal-

lut voir l'air effaré du petit à cette proposition ; mais enfin il promit. Survient à l'instant même un de nos plus honorés magistrats auquel on fait part du pacte conclu. M. J. demande à son tour pour la semaine suivante la promesse de ne se battre que tous les deux jours. Nouvelle stupéfaction de cet enfant comparé au feu qui demande si c'est bien possible que, s'étant battu le lundi, le mercredi et le vendredi, il faudra s'en priver le mardi ! et le jeudi ! et le samedi ! C'était, à son dire, plus qu'impossible. Enfin, pressé de se décider et n'osant refuser tout à fait, il prend soudain une résolution énergique et s'écrie : « d'accord, c'est dit ; mais on se la paiera bonne. »

Trois semaines après, il ne se battait plus du tout, et cette habitude de se contenir était si bien acquise, qu'ayant reçu un jour d'un de ses camarades un soufflet des mieux appliqués, il sauta sur un bureau et trépignant, furibond, les yeux étincelants de fureur, il dit à celui qui l'avait frappé : « Tu as du bonheur que j'ai promis à la dame de ne plus me battre, sans cela, je t'étranglerais. »

Aujourd'hui, c'est un excellent sujet ; et, sans être un mouton, il est cité pour sa bonté.

Dans une promenade qu'elle fit avec plusieurs de ses élèves, Mme Gros les regardait jouer *au sou*, *à pile ou face*. Quelle fut sa surprise de se voir accostée par un agent de police qui veut la conduire au poste sous prétexte que ses enfants sont pris en contravention pour délit de jeu. Mme Gros qui ignorait l'ordonnance légale, voyant disparaître ses élèves, (qui ne l'ignoraient pas), prend fait et cause pour eux, affirmant qu'ils ne faisaient aucun mal. On s'explique, on finit par s'entendre, et le résultat de cette équipée fut la défense faite à toute l'école de jouer désormais aux jeux interdits. Ce fut très difficile ; car, beaucoup d'entre eux gagnaient de véritables sommes que, par contre, d'autres perdaient.

Il y avait à la Mouche, (quartier des verriers), un *nid de petits vauriens*. Leur spécialité était de jeter des pierres aux passants avec l'intention de les blesser. Les plus âgés, après une année de résistance, se sont décidés à ne jeter que le nombre de cailloux qui leur était fixé par semaine, avec promesse bien entendue de n'atteindre personne. Eux aussi ont fini par se corriger, puis ont essayé d'imposer leur exemple. Ils y ont mis même un tel zèle que, pendant longtemps, ils ont pourchassé avec acharnement tous ceux qui jetaient des pierres. En général, ils se communiquent leurs qualités nouvelles par voie de fait, quand ils ne réussissent pas autrement.

Ces enfants, jadis vauriens, sont des jeunes gens vraiment remarquables. Leur père et leur mère sont morts à trois mois l'un de l'autre, laissant 6 enfants. Les aînés ne voulurent point consentir à laisser éparpiller la famille. « Non, dirent-ils, c'est notre paie qui a toujours servi à élever les jeunes; nous continuerons. » Ils ont tout gardé, tout élevé en effet, et ces aînés avaient 15 et 16 ans alors.

Depuis que l'école existe, il y a chaque année, un *Revelin* — ou deux — ou trois, tous frères. L'un d'eux, un déterminé, voyant un de ses camarades refusé pour sa 1re communion en raison de son ignorance, s'offrit pour l'instruire en dehors de ses classes de travail. L'offre est acceptée; lorsqu'à minuit ils sortaient de l'usine, tous deux allaient s'installer sous un bec de gaz et, moitié dormants, moitié éveillés, ils en surent bientôt autant l'un que l'autre.

Un soir du mois de Juin, Paradis amène un camarade à Mme Gros qui lui demande pourquoi, ayant 12 ans, il n'est pas encore venu à l'école.

— J'avais point de chemise.

— Et la tienne?

— On me l'a volée l'année passée quand j'ai été me baigner.

— Ta mère ne t'en achète donc pas?

— Mon père et ma mère sont partis, ils m'ont laissé. Ceux qui m'ont gardé m'ont mis à travailler. Ils retirent ma paie; ils ne m'achètent point de chemises, mais ils me donnent la soupe.

Dès le lendemain, Mme Gros l'ayant reçu à l'école, l'envoya acheter une chemise à son goût. Ah! certes, à son retour, cela se voyait qu'il en avait une, avec de larges raies bleues et jaunes. Elle passait en façon de *bouffantes* par toutes les déchirures de son pantalon. Donc il fallait un autre pantalon, Mme Gros le lui promit pour le dimanche suivant. Or, ce second dimanche, elle rencontre bien avant l'heure de l'école un de ses élèves qui portait sur son bras son vêtement de semaine :

— Où vas-tu avec ce pantalon?

— Je le porte à Pierre, parce que le sien il est fini, et il ne pourrait pas venir à l'école pour que vous lui en donniez un autre. Ce brave enfant faisait au moins deux heures de route pour accomplir cet acte de bon cœur qu'il avait projeté toute la semaine.

La famille Mongol possède une série de garçons dont les deux plus âgés fréquentaient l'école en même temps. Seulement, ils ne venaient toujours que l'un après l'autre. Étonnée, Mme Gros demande à Jean pourquoi Louis n'est pas présent. — Mon frère il est sur l'arbre.

— Et que fait-il sur l'arbre?

— Il attend que je lui porte les souliers pour venir.

— Vous n'avez donc qu'une paire de souliers pour vous deux?

— Oui : c'est pour ça que, quand il fait mouillé, on se tient sur l'arbre. Nous venons chacun notre tour. Aujourd'hui, j'aurai la leçon et lui aura l'histoire; et puis, dimanche, c'est lui qui aura la leçon et moi l'histoire.

Tant de bonne volonté méritait bien une récompense; aussi vint-elle le dimanche suivant, sous la forme d'une paire de souliers neufs.

Et Michel qui, touché d'une histoire racontée par Mme Gros au sujet de l'assistance que l'on doit à ses parents, se prive de trop boire pour acheter des planches et construire une cabane à sa mère qui couchait sous une charrette.

A lui tout seul il a cloué contre une autre, cette baraque qui n'avait aucune forme appréciable.

Mme Gros est allée voir ce monument de piété filiale. Elle a félicité Michel en lui conseillant d'orner sa *petite maison* d'une vigne grimpante, ce qui fut exécuté. La mère, plus heureuse que si on lui eut offert un château, a logé dans cette demeure primitive, jusqu'à ce que son Michel, devenu bon ouvrier, a pu lui offrir mieux. Aujourd'hui, il est marié, père de famille. Sa mère est avec lui; et dernièrement, il disait à Mme Gros : « Je me livrais à la boisson quand votre histoire m'a sauvé. Elle a amené la cabane, puis l'aisance, et maintenant la bénédiction de Dieu est sur moi. »

Un jour de *vogue* à la Guillotière, un des jeunes gens de l'école vient rayonnant faire une visite à Mme Gros dans un splendide costume de vogueur. Il s'imaginait dans sa joie d'une si belle tenue que rien ne devait lui être plus agréable que de le voir dans cet équipage. Mme Gros, flattée de cette gracieuse intention n'eut pas le courage du lui infliger une déception. Mais l'année suivante, elle s'y prit à l'avance pour l'amener à rire tout le premier de cette équipée à laquelle il n'est pas revenu, ayant compris que sa place pouvait être mieux choisie. De plus, pendant plusieurs années, à la même époque, il racontait aux autres cette petite aventure; et, sans s'en douter, il les éloignait de l'idée de participer aux folies en usage, sans pour cela les priver de s'amuser comme il convient à leur milieu.

Un enfant de 12 ans vient un dimanche se faire inscrire à l'école pour faire sa première communion.
— Sais-tu ta prière? — Dis-la moi?
— Sais pas.
— Allons, dis : Notre Père qui êtes aux cieux.
— Oui, mon père il est mort.
— Sais-tu faire le signe de la croix, comme cela : Au nom du Père.

— Vous me faites des grimaces.

— Tu ne connais pas le bon Dieu, n'est-ce pas pauvre petit?

— Non — Je ne connais que notre voisine la Françoise, celle qui fait ma soupe quand maman est à l'hôpital.

Un jour de 1re communion, Mme Gros alla avec trois de ses élèves faire quelques visites de remercîment à des familles qui avaient contribué à leur fournir des vêtements. Après plusieurs visites où ils s'amusèrent beaucoup à propos des fauteuils élastiques sur lesquels ils avaient rebondi à leur grande surprise, Mme Gros leur offrit quelques gâteaux chez un pâtissier de ses amis. Déjà mis en gaîté par l'accueil aimable qui leur avait été fait partout, électrisés par les splendeurs du magasin de bonbons, ils embrassent en entrant, Monsieur — Madame — les enfants — la bonne — les clients — tout le monde. On s'empresse; on leur fait fête tout en riant de leurs allures. Puis, comme partout, on réclame d'eux une petite prière. — Mon petit enfant est très délicat, leur dit M. H. — Demandez à Dieu de nous le conserver. — Oui, disent-ils, nous y penserons! — Et les voilà dans un angle, comptant sur leurs doigts.

Mme Gros surprise de cela en cherchait l'explication, lorsque tout-à-coup, ils tirent leurs mouchoirs de poche, les posent à terre, et s'agenouillent dessus et commencent : Mon Dieu, c'est pour le monsieur, la dame et le petit que nous vous prions, pour que vous leur conserviez la santé. — Leur prière finie, Mme Gros leur demanda pourquoi ils n'ont pas remis cette invocation à un autre moment plus opportun. — Nous en avons déjà tant promis, dirent-ils, que, craignant d'en oublier, nous avons préféré dire celui-là tout de suite.

Chaque année, à l'époque de Pâques, comme ils commencent à avoir des idées de tenue et de discipline, Mme Gros les conduit au Calvaire pour les initier par un récit aussi touchant que possible, aux douleurs et aux souffrances du Sauveur du monde. Il faut voir ces expressions de figure, ces paroles indignées, ces gestes menaçants. Ne pouvant maltraiter les bourreaux, ils détruiraient leur effigie à coup de cailloux, si on ne modérait leur colère. Ils se contentent, faute de mieux, de leur jeter leurs casquettes et de traduire de toute manière ce mot d'un grand capitaine qui, pendant le récit de la Passion, s'écria : « Où étais-tu, Crillon ? Où étais-tu ? »

Il est surtout recommandé aux élèves de l'école de mettre en pratique, chacun selon son idée et ses moyens, le précepte de l'Évangile qui ordonne de s'aimer et de s'aider les uns les autres. C'est à la fois amusant et touchant de les entendre faire le récit de leurs inventions à cet effet. Ainsi, l'un se dévoue pour pousser à la roue d'une voiture et aider le cheval à gravir une montée. Un autre prête main-forte à un berger pour réunir ses moutons dispersés. — Celui-ci met adroitement un morceau de viande dans le panier de son camarade qui n'a que du fromage. — Celui-là va chercher l'eau et les provisions d'un vieillard de son voisinage. — Deux autres s'entendent pour porter la corbeille de linge mouillé d'une pauvre femme qui plie sous le poids. La femme qui les prend d'abord pour des gredins qui veulent lui voler son linge les accable d'injures; les jeunes gens tout en lui rendant ses malédictions expliquent leurs motifs. La femme accepte, mais en les suivant de très près, méfiante quand même et prête à tomber dessus, lorsque tout arrive à bien.

Le côté séduisant de l'école, ce sont les histoires, et ce qu'il y a de bien, c'est que comme Michel, ils tâchent, en général, d'imiter les héros de ce récit.

Mme Gros raconta un jour l'histoire d'une petite fille de sa connaissance qui fit baptiser un enfant dans des conditions aussi singulières que touchantes.— Quelques jours après, un de ses élèves se trouvant dans une réunion dont faisaient partie deux enfants israélites, ne trouva rien de mieux que de les baptiser, remplissant la cérémonie comme elle devait l'être.

Un pauvre petit de 10 ans s'était sauvé de Strasbourg où ses parents avaient péri dans une cave par suite du bombardement; il arrive à Lyon tout seul, sans ressources. Une famille de verriers le retire, le place à la cristallerie et en échange de son gain lui donne sa nourriture. Par suite d'accident, l'enfant blessé au pied par un éclat de verre, ne put ni aller travailler, ni aller à l'école.

Mme Gros inquiète, envoie aux nouvelles, heureusement ; car, personne ne s'étant occupé du pauvre enfant, il était menacé de n'avoir plus de vivres, n'ayant plus la possibilité de gagner pour les payer.

L'important était d'abord de le guérir ; Mme Gros expédia quatre jeunes gens qui l'apportèrent à la cristallerie où il reçut d'excellents soins. Pendant les quelques jours qu'il y resta, chacun lui donna une part de son dîner. Quand, en marchant sur les talons, il put faire sa journée, ses camarades le portaient à tour de rôle à son logement, et tout le temps nécessaire, il eut à sa disposition, soit de jour, soit de nuit, de bons cœurs et de bonnes épaules pour lui faire parcourir sans fatigue le trajet voulu.

Cet enfant, placé plus tard chez un pharmacien, a fait des études qui lui permettent de parcourir une carrière remarquable.

Kinet, le père, était malade à un hôpital ; — Kinette, la mère, dans un autre. Kinet, fils aîné de 15 ans, ne voulant pas manquer l'école et n'osant laisser les enfants seuls à la maison, amena toute la *nichée*, sans se préoccuper de la toilette générale ; cela se voyait beaucoup trop. Mme Gros, tout en le complimentant d'avoir si bien agi pour concilier ses devoirs, lui suggéra l'idée de les mettre bien propres une autre fois. Note en fut prise, car les dimanches suivants, ce grand jeune homme arrivait tout heureux de présenter sa petite troupe avec des minois frais, des cheveux soignés, des vêtements propres, plus ou moins étirés. Il les plaçait dans un coin, et là, grignottant des gâteaux, ces petits restaient sagement tranquilles.

Le second Kinet, devenu grand, montra tant d'intelligence et de mémoire heureuse, qu'aussitôt qu'il eut franchi le programme de l'école, Mme Gros le recommanda à une école du soir, où ses progrès furent si rapides qu'au bout de six mois il avait la médaille d'argent de son cours. L'année suivante, il remportait la médaille d'or.

Pour faire cesser les batailles qui se livraient tous les dimanches dans les graviers du Rhône, Mme Gros prit le parti de proposer à ses élèves des excursions dans les environs. Ce plan ayant été approuvé, on partait les dimanches l'après-midi avec ballons, cerfs-volants, etc. Quelques intrus vinrent bien se mêler à la bande, mais pourquoi les exclure, c'étaient des combattants de moins aux graviers. Peu à peu, il n'en resta point, et le goût des excursions était si bien pris que pour en achever la série, la mauvaise saison approchant, ils complotèrent d'organiser une belle fête et de conduire Mme Gros, clairon en tête, à la plaine de Bron pour y faire une *dînette*; heureusement que, prévenue à temps, elle put se soustraire à cet honneur.

Mais le jour le plus beau, la fête la plus attrayante, celle qui couronne chaque année le bien qui a pu se faire, celle enfin, qui est le but où tous, pour arriver, cherchent à devenir meilleurs, c'est le jour de la 1re communion. Dès le matin, bien avant l'heure, ils arrivent de 30 à 35, tellement épanouis, heureux, radieux, que le bonheur se lit dans toutes leurs allures. Une fois réunis, commence à l'école, la cérémonie du pardon que chaque enfant réclame à genoux, devant son père et sa mère, et tous sont pardonnés et bénis. Quand, après cela, ils se sont serré la main, en témoignage de bonne amitié réciproque, on chante le cantique du *brillan matin*.

Après la messe, on retourne à l'école qui a été transformée ; sur deux longues tables couvertes de nappes blanches et de fleurs, chaque enfant trouve sa part d'une collation doublement appréciée. On porte un toast en l'honneur des parents tous présents. M. l'abbé directeur reçoit les expressions de reconnaissance qui lui sont bien dûes et M. le Curé termine par un discours cette petite agape après laquelle on chante le cantique de réjouissance pour se séparer.

Le soir, on se retrouve ; et, toutes les cérémonies achevées, on se fait à l'école la promesse d'y revenir chercher, avec l'instruction, la joie des bons et salutaires souvenirs.

Dans le nombre, il y en a qui partent, d'autres qui ne peuvent plus venir aussi régulièrement ; mais tous envoient leurs frères ou leurs camarades, et, dès qu'ils le peuvent, reviennent aussi, enchantés de la surprise agréable qu'ils vont faire à leur ancienne institutrice.

Si ce grand jour, de la 1re communion, nous constatons avec joie le progrès moral accompli et assuré, il est un changement physique non moins grand, non moins remarquable, c'est celui de la transformation de la physionomie. Rien ne peut donner une idée de la plupart des visages qui se présentent au début. Des observateurs qui les ont vus lisaient sur leurs traits les instincts les plus dangereux. Un an, deux ans, trois ans s'écoulent; peu à peu sous l'influence religieuse et celle d'une affectueuse tendresse, ces traits se transforment, s'éclairent, s'embellissent même; c'est alors que, gais, ouverts, expansifs, polis, ils ont ce charme original et ce cachet qui n'appartient qu'à eux, à tel point que Mme Gros ne craint pas de les conduire, sur invitation, dans une famille des plus honorables qui les reçoit à la campagne. Elle n'a jamais eu que des éloges sur leur bonne tenue et leur discrétion.

Un autre fait à constater, c'est qu'ils cessent entre eux les brutalités qui, si souvent, occasionnent des blessures; ainsi, pour des misères, ils se brûlaient volontairement les uns les autres avec des flammèches. Il est arrivé souvent à Mme Gros de faire panser des brûlures atroces, mais ces cruautés sont à peu près inconnues aujourd'hui, que des sentiments plus humains, plus chrétiens, ont remplacé l'abrutissement de l'ignorance.

En 1874, eut lieu une distribution de prix. Le premier prix fut offert par M. J., ce digne magistrat qui veut bien s'intéresser à l'école. Pour éviter toute contestation, il fut décidé que le prix serait voté par les élèves. Après avoir passé en revue les qualités et les défauts de chacun, il fut convenu que Hippolyte Goublert le méritait pour deux raisons.

La première, c'est qu'il ne se battait jamais.

La deuxième, c'est qu'il allait tous les dimanches, loin de la rue de la Barre, chercher une brioche à sa mère. Quelques-uns disaient bien qu'Hippolyte avait un caractère de fille, mais n'importe, il fut élu.

Présenté à M. J. avec ses quatre frères et sa mère, grande et digne femme de Lorraine, il reçut son prix et la mère eut sa part des félicitations qu'elle méritait pour la bonne éducation vraiment remarquable que, veuve, elle donnait à ses enfants.

Obligée de partir en Lorraine, elle ne laissa à Lyon que l'aîné Hippolyte, qu'elle plaça sous les auspices de Mme Gros chez un boulanger. Son apprentissage fini, il partit en Amérique chez une sœur de sa mère, mariée en Virginie à un riche colon.

Au mois de juillet dernier, il revenait en France, à Lyon, avec un fringant équipage, une charmante épouse qui est la fille d'un premier mariage de son oncle d'Amérique, et qui lui apportait en plus d'une dot d'un demi million, l'espérance de l'autre moitié. En revenant en France, il pensait à sa famille à laquelle il réservait une heureuse aisance et, détail tout aussi pratique, en se mariant sous la loi française, il se mettait lui-même, dit-il, à l'abri du divorce dont est menacé, en Amérique, tout ménage, même le meilleur.

Un jour de deuil est venu assombrir cette année la fête de Pâques. Une bonne et charmante jeune fille qui, depuis trois années, s'occupait des plus jeunes élèves est morte presque subitement. Ce fut une consternation, mais aussi un élan pour offrir à sa mémoire un témoignage de reconnaissance. Sans que rien leur fût demandé, chacun vida sa petite bourse pour lui faire, comme ils le disent, un service et une couronne. Mme Gros leur conseille de se faire une petite réserve pour que, pendant la fête, ils ne soient pas trop privés de leurs petites réjouissances. Non, non, répondaient-ils, il vaut mieux que la couronne soit bien belle; nous ne voulons rien garder. La couronne fut belle, en effet, et remise à destination le jour de la première communion, après avoir, en ce jour béni, figuré à la place de celle que nous regrettons tant.

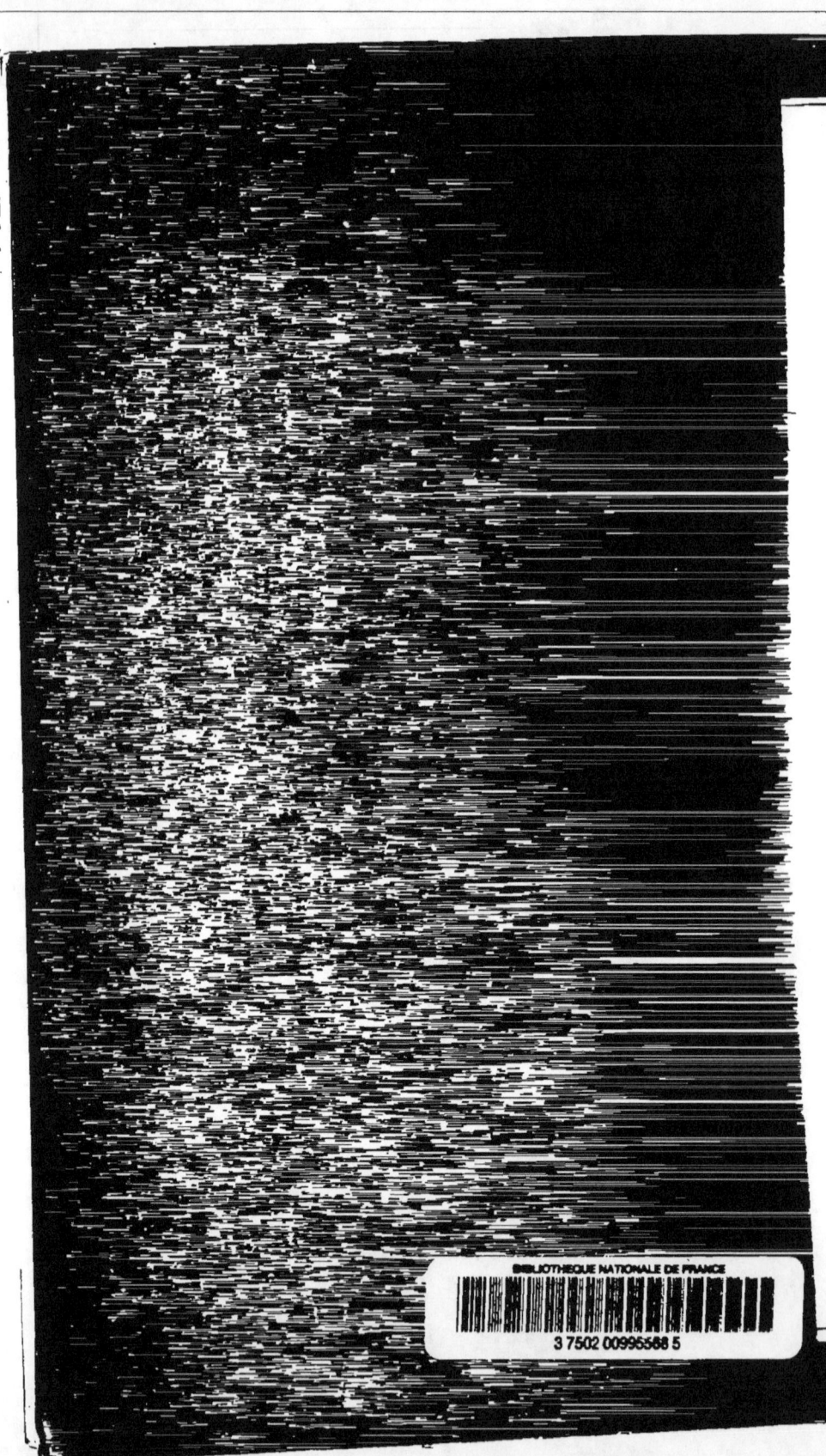

www.ingramcontent.com/pod-product-compliance
Lightning Source LLC
Chambersburg PA
CBHW062012070426
42451CB00008BA/675